嘘つき

高橋亜美　編著
（アフターケア相談所「ゆずりは」）

すーべにあ文庫

表紙画　重野克明
装丁・本文イラスト　宮崎麻代

この本の収益は「あおいとり基金（旧ゆずりは基金）」に寄付されます。

「あおいとり基金」は、施設等を巣立った子どもたちの高卒認定等の資格取得や、進学費用の支援に活用されます。

僕はずっと嘘つきと言われてきた

親にも学校の先生にも友達にも
みんなに嘘つきと言われてきた
気づくと僕は嘘をついていた

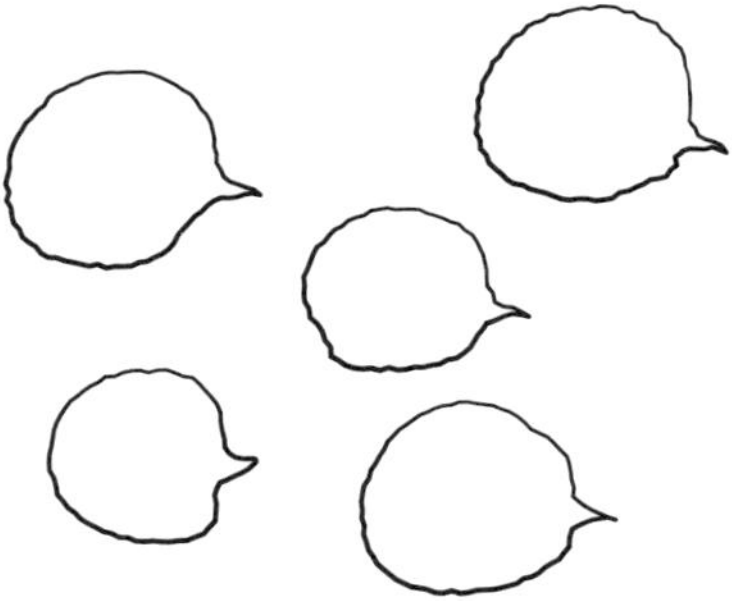

口が自分の口ではなくなったように
嘘が次から次へとスラスラ出てきた

こんな嘘言ってどうするんだ？
嘘のために
また大きな嘘を
つかなくちゃならないんだぞ

自分に突っ込みながら
でも　嘘をつくことをやめられなかった

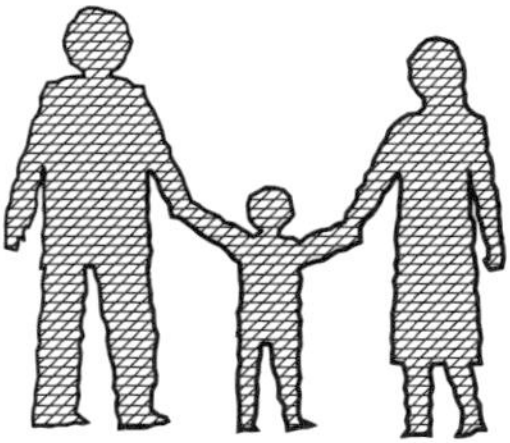

僕のいちばん幼い日の記憶は
五歳の頃のこと
お父さんとお母さんと僕の三人で
飛行機に乗って
アメリカを旅行したこと

アメリカ旅行のことを友だちに話すと
「どうせまた嘘だろ！」って言われたから
お母さんに聞いたんだ

お母さん　僕が五歳のとき
家族三人でアメリカに行ったよね？

「はぁ？
アメリカどころか
家族で旅行なんて一度だってないよ
それに三人って誰のこと？」

お父さんとお母さんと僕の三人だよ

「お父さん？
お父さんはおまえが生まれる前に
家を出て行ってるんだ
おまえはお父さんを見たことも
会ったこともないんだよ」

アメリカ旅行は
僕の中でたったひとつ
嘘じゃない出来事だったはずなのに
それも嘘だった

自分で自分に
嘘をついていたことに
何年も気づくことができなかった

僕はぼう然とした

いつだって
お母さんは怒っていたな
怒っている顔しか思い出せないな

毎日毎晩
怒って僕を叩いたり
殴ったり蹴ったり…

裸にしてベランダで
一晩中正座させて
パンツもはかせてもらえなかった
トイレだって
行かせてもらえなかったよ

僕にとって家は
自分を閉じ込めて
生きなければならない場所だった

腫れ上がった顔で学校に行くと
友だちはみんな
びっくりして心配してくれた
でも　お母さんに殴られたなんて
友だちには絶対に言えないし

言いたくなかった
先生にも
言えなかった
でも　先生には
気づいてほしかった

先生　僕にもっといろんなことを聞いてよ
腫れ上がった顔の理由を聞いてよ
先生しか僕を助けられないよ
先生　僕の家は地獄だよ
先生助けて　先生助けて

心の中でそう叫んでいた
いつも　いつも
でも僕は声にして
「助けて」と
ただの一度も言えなかった

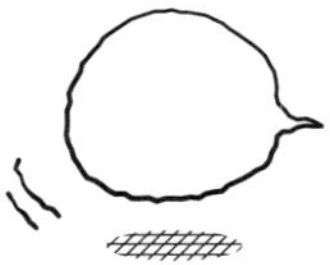

かわりに僕の口から出る言葉は　嘘ばかり

先生は僕を叱った
「どうして嘘ばかりつくんだ
嘘をついたら、誰も君を信じてくれないぞ！
君を大切に思ってくれないぞ！」

そうなると
僕は先生にひどい言葉を言ってしまう
暴れてしまう

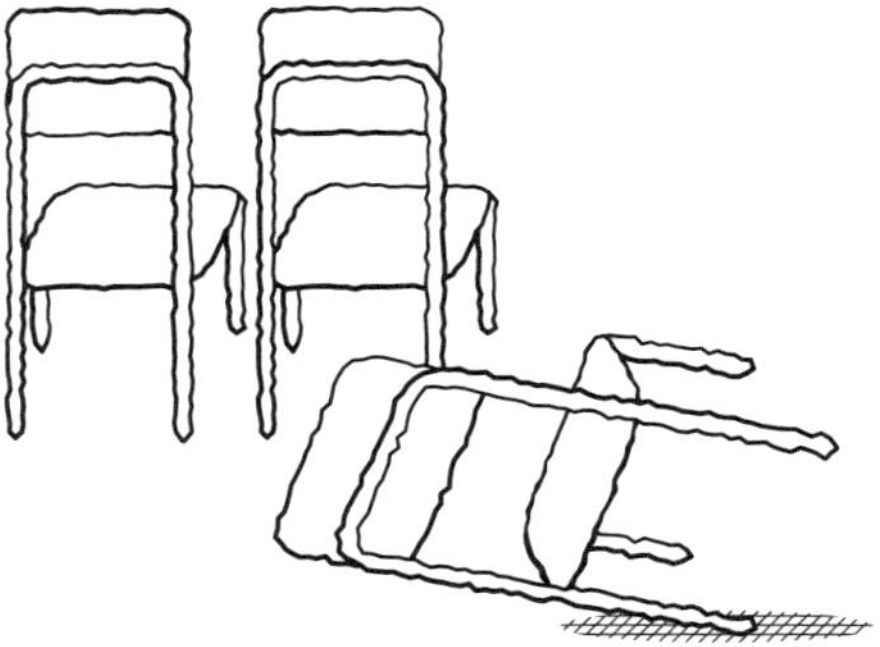

席に座って授業なんて
聞いていられなかった

自分で自分を
コントロールできなくなるんだ

僕の口から出るのは嘘ばかり
引っ込みがつかなくなる嘘をつき
親や先生に叱られ
ときに罵倒され
友だちにはあきれられ　見放されていった

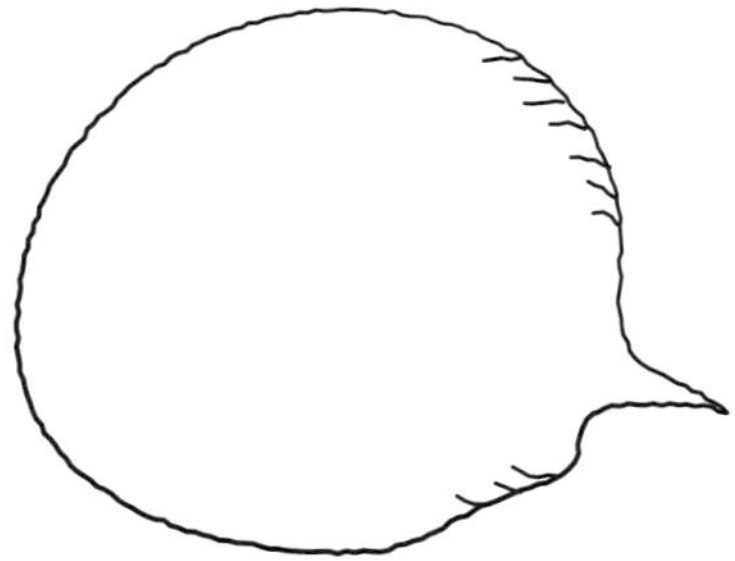

それでも僕は
嘘をつくことがやめられなかった
嘘をつくことをやめるのが怖かった

本当は
本当のことを
話せる自分になりたかった

「嘘つき」は当時十七歳の少年が語った言葉をもとに、
本人の了解を得、再構成したものです。

あとがき　自分を大切にすること

私もかつて、父親からの暴力や支配に苦しんだ時期があった。

父は、自分が若かったときに心血を注いできた卓球で、タイトルを取ることを私に求めた。普段は温和な父だったが、卓球の練習時になると豹変した。練習中には常に激しく怒り続けていた。特に私が疲れた表情や、ダラダラ球を拾う姿に激高した。殴る蹴るをしながら、精神論を講じ、時には土下座して謝ることも私に強要した。私はなぜ、アスファルトの上で、体育館で、閉め切った倉庫の床で、父に土下座しているのか、全くわからなかったけれど、この状況を乗りきるためには、言われたとおりにするしかないことだけはわかっていた。

私は、この苦しい毎日から逃れたいと切望しながらも誰かに相談しようと思ったことは一度もなかった。

むしろ、こんなひどいめに遭っていることを誰にも知られたくないと思っていた。「親から暴力を振るわれているなんてかわいそう」と憐れまれたり、同情されることを恥ずかしいとさえ思っていた。かわいそうと思われることは、自分は弱く力のない人間なのだと烙印を押されるような気もした。

あのころ、父の暴力や暴言を知っている大人は何人もいた。でも、私の記憶のなかでは、誰一人、父の行為を咎めたり、介入してくれるひとはいなかった。

それでも、思い切って、母に相談したこともあった。相談したと言っても「卓球をやめたい」と言っただけだったが、その一言を伝えることは、私には一大決心だった。

「卓球をやるか、やらないかは、二人の（父と私の）問題だから口出せないわ」と母は言った。

卓球を続けるかどうかの悩みではないのに、母はそれを問題とした。

私が「卓球をやめたい」と伝えた言葉の裏には「殴られたくない」「痛いのは嫌だ」「友達と遊びたい」「テレビが観たい」「お父さんが怖い」「時々死にたくなる」「助けて」…言葉にできない思いがいくつも、いくつもあった。

問題は、父の暴力や暴言だった。

問題は、親から子への圧倒的な支配だった。

問題は、十一歳の私が、父をひたすらに憎み怯えていることだった。

スポーツ、勉強、習い事、手段はなんでもいい。「上手くなるために」「いい点数を取るために」「子どものために」、大義名分がつくと、暴言や暴力も、期待や指導という言葉に置き換えられ、正当化されてしまうこともある。正当化していることに、当の大人たちが気づいていない時さえある。

子どもへの過剰な期待や想いは、子どものためではなく自分の心を満たすための、自分が安心するための手段になっていないだろうか。

家庭の中で、日常的に繰り返される支配や抑圧は子どもたちの心もからだも萎縮させる。そして子どもたちは苦境を乗り越えるために、本能で、別のはけ口を見つけようとする。

大人も、家庭で、会社で、社会で、支配や抑圧のなかで生きている。油断すると、そのはけ口は、向けられやすい方向に、人に、向けられていく。

自分のなかの傷つきを回復する方法を、「他者への攻撃や支配」でないやり方でそれぞれに見つけていきたい。

「今健やかに生きられているかな」と日々自分に問い、自分をいたわることも、忘れずにいたい。

「自分を大切にできること」が、子どもへの支配や抑圧、虐待をなくすために、決して欠かすことのできない第一歩だ。

高橋亜美（たかはし・あみ）
一九七三年生まれ。日本社会事業大学社会福祉学部卒業。自立援助ホームのスタッフを経て、二〇一一年よりアフターケア相談所ゆずりは（東京都国分寺市）の所長に就任。著書に『愛されなかった私たちが愛を知るまで―傷ついた子ども時代を乗り越え生きる若者たち』（かもがわ出版）、『子どもの未来をあきらめない　施設で育った子どもの自立支援』（明石書店）、編著に『はじめてはいたくつした』（小社刊）などがある。

児童養護施設等退所者のアフターケア相談所「ゆずりは」について

虐待や経済的な理由で児童養護施設や里親家庭などに入所した子どもたちの多くは、高校卒業を機に、施設を退所しなければなりません。

虐待を受けたトラウマによる精神疾患を抱えていたり、退所しても引き続き親や家族を頼れない故、失敗することも立ち止まることもできません。自らで働き続けなければ、たちまち生活が破綻してしまう緊張状態のなか、生きていくことを余儀なくされています。

「ゆずりは」は、施設等を巣立った子どもたちが、困難な状況に陥ったとき、安心して、一刻もはやく、「助けて」の声があげられるよう、立ち上げた相談所です。

問題解決のための生活相談を基軸にしながら、高卒認定資格取得のための無料学習会の開催、一般就労が難しい方への就労支援として「ゆずりは工房」の運営、退所者の人が気軽に集えるサロンの実施、虐待をしてしまっている母親へのプログラム「MY TREEペアレンツ・プログラム」の実施等々、さまざまな支援事業を行っています。

困難な状況にある子どもたちが、家庭には恵まれてなかったとしても「この社会に生まれ、生きられてよかった」と思える社会を私たちはつくっていきたいと思います。

運営主体者　社会福祉法人「子供の家」理事長　加藤望
所在地　東京都国分寺市本多一－一三－一三
責任者　高橋亜美
職員　スタッフ五名
根拠法令等　児童福祉法第四十一条
開設年月日　二〇一一年四月一日
事業内容　東京都地域生活支援事業「ふらっとホーム」を委託（二〇一三年四月一日より）
TEL／FAX　〇四二－三二一－五一－六七三八
E-mail…acyuzuriha@gmail.com　HP…acyuzuriha.com
◎JR中央本線、西武国分寺線、多摩湖線「国分寺駅」下車。北口より徒歩約十分。

すーべにあ文庫について

情報が氾濫する時代、「大切なことは、きっと紙に書いてある」をスローガンにすーべにあ文庫（souvenir＝贈り物、の意）は創刊されました。文庫の収益は、各テーマに関連する団体・施設に寄付されます。大切なことが、大切にしたい誰かに伝わりますように。あなたの読む、知る、考えるが社会貢献につながります。

すーべにあ文庫02

嘘つき

2018年1月　初版発行

2019年1月　2刷

編著　高橋亜美

（児童養護施設等退所者のアフターケア相談所「ゆずりは」）

発行　株式会社百年書房

〒130-0021 東京都墨田区緑1-13-2 山﨑ビル201

TEL:03-6666-9594　　HP:100shobo.com

ISBN978-4-907081-35-5